Presentado a:

_____

Con amor de:

_____

Fecha:

_____

Para mis personas favoritas en todo el mundo...
Kaylie, Cassidy, Caleb, Cole y Claire.
RW

A mi madre y mi padre, por su infinita bondad.
CS

Publicado por
Unilit
Medley, FL 33166

© 2018 Editorial Unilit *(Spanish translation)*
Primera edición 2018

© 2017 por *Rick Warren*
Título del original en inglés:
God's Great Love for You
Publicado por *Zonderkids*, una marca registrada de *Zondervan*
(Published by arrangement with The Zondervan Corporation L.L.C, a división of HarperCollins Christina Publishing, Inc.)

Diseño: *Ron Huizinga*
Ilustraciones: *Chris Saunders*
Traducción: *Nancy Pineda*

Producto: 493817
ISBN: 0-7899-2402-1 / 978-0-7899-2402-5

Categoría: Niños / General
Category: Children / General

Impreso en China
Printed in China

EL GRAN AMOR DE DIOS POR TI

Unilit

El gran amor de Dios...

creó el universo entero

Y todo lo que hay en él

Incluyéndote a ti.

Y Él te ama con un gran
amor que no se detiene.

Más profundo que todos
los mares

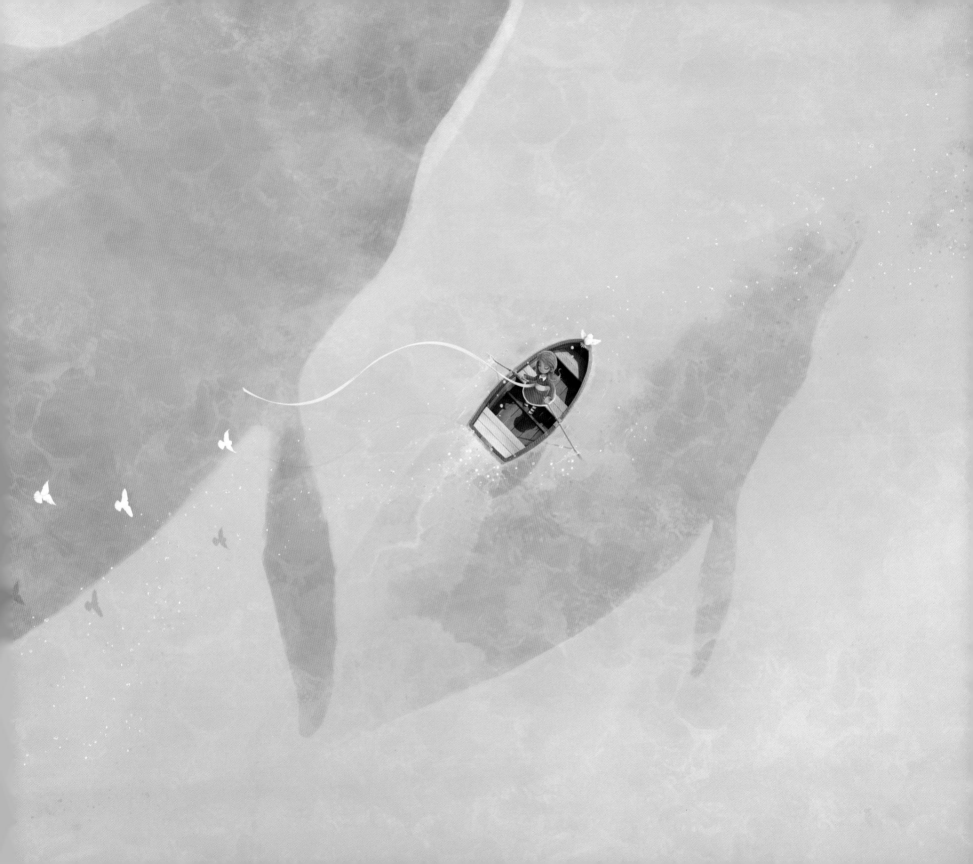

Más alto que la luna y las estrellas

Más amplio que el gran cielo azul.

El gran amor de Dios por ti está
contigo a donde sea que vayas

En los días buenos

Y en los días malos

Cuando te vas a dormir por la noche

Y cuando te levantas por la mañana.

El gran amor de Dios por ti es...

perfecto.

Y está en todo lugar

Y nunca terminará.